# Die Kleine Bibliothek

# Zauber und Schönheit der Natur

arsEdition

© dieser Ausgabe: 1996 arsEdition, München
Alle Rechte vorbehalten.
Ausstattung und Herstellung:
arsEdition, München
Textauswahl: Angelika Koller
Printed in Hong Kong · ISBN 3-7607-8557-3

# INHALT

Einleitung ..................................... 7

Mutter Natur ................................ 10

Blumen, Bäume, der Wald ............ 18

Land-Leben .................................. 28

Erde, Wasser, Luft und Feuer ....... 36

Berge und Meer ............................ 44

Tageszeiten, Jahreslauf ................. 52

Wetter ........................................... 62

Weisheit der Natur ....................... 70

Ein Garten irdischer Freude ......... 78

# Einleitung

Jemand schmückt den Schreibtisch mit einer Rose – keiner, der im Raum sitzt, kann an ihr vorbeigehen: »Wie gut das riecht!« So eine Blume, läßt uns allen Zauber, alle Schönheit ahnen, welche die Natur für uns bereithält. Man versteht den sehnsuchtsvollen Ausruf des Dichter-Arztes Gottfried Benn, der an die Frühlingsbäume in Meran dachte: »Blüht, ach, blüht erst, wenn ich komme!«
Das ist mehr als romantische Schwärmerei. Die Natur ermöglicht unser Leben. Homo sapiens stammt mit Leib und Seele aus der Natur, sie gibt ihm die Luft zum

Atmen, sie nährt ihn, sie trägt ihn, wo er steht und geht. Pflanzen halten Heilstoffe für ihn bereit, und wer Leid erfahren hat, erholt sich inmitten der Natur am besten, findet dort wieder zu sich selbst. Sie ist die große Therapeutin der Seelen. Als hätte er geahnt, welchem Streß der moderne Mensch durch Zeugnisse, Vorgesetzte und »alle Welt« ausgesetzt ist, schrieb Nietzsche: »Wir sind so gern in der freien Natur, weil diese keine Meinung über uns hat.«

In einer zunehmend rationalisierten Welt wird uns bewußt, welch wertvolle Dienste die Natur leistet; danken wir ihr, indem wir sie uns erhalten.

## MUTTER NATUR

Ich saug an meiner Nabelschnur
Nur Nahrung aus der Welt.
Und herrlich rings ist die Natur,
Die mich am Busen hält.

JOHANN WOLFGANG VON GOETHE
(1749-1832)

Vielleicht ist die Natur unsere beste
Versicherung für die Unsterblichkeit.

ELEANOR ROOSEVELT
(1884-1962)

## MUTTER NATUR

Macht euch vertraut mit Natur, erkennt sie als eure Mutter ...

> LUDWIG FEUERBACH
> (1804-1872)

Die Erde ist meine Mutter, bei ihr darf ich mich ausruhen.

> TECUMSEH
> (GEST. 1813)

## MUTTER NATUR

Dieser Himmel, den zwölf Götter
bewohnen, wird auf ebenso viele Zeichen
verteilt ...
Es dreht sich der Tierkreis wie eine Mühle
und bewirkt immer irgendeinen bösen
Zauber, so daß Menschen entweder
geboren werden oder sterben.

# Mutter Natur

Wenn ich aber in der Mitte eine Rasenscholle sehe und auf der Rasenscholle eine Honigwabe, so tue ich nichts ohne Grund und habe festen Boden unter den Füßen. In der Mitte ist Mutter Erde, rund wie ein Ei, und enthält wie eine Honigwabe alle guten Dinge.

Petronius Arbiter
(gest. 66 n. Chr.)

## MUTTER NATUR

Alles, wie die Farbe des geteilten Lichtstrahls, fließt aus einer Quelle; alles schmilzt in eine ewige, allverbreitete Kraft zusammen.

>   ALEXANDER VON HUMBOLDT
>   (1769-1859)

Die Natur ist nichts anderes als Gott in den Dingen.

>   GIORDANO BRUNO
>   (1548-1600)

## MUTTER NATUR

Die Natur will selbst auch einen Genuß
von ihrer großen Künstlichkeit haben,
und darum hat sie sich in Menschen
verwandelt, wo sie sich nun selbst über
ihre Herrlichkeit freut.

**NOVALIS**
(1772-1801)

Mein Herz und ich liegen auf der Erde,
klein, wie ein Häufchen Treibsand.

**ZITKALA-SA**

## BLUMEN, BÄUME, DER WALD

Wer in den Blumen, Wäldern, Bergesreihen,
Im klaren Fluß, der sich mit Bäumen schmücket,
Nur Endliches, Vergängliches erblicket,
Der traure tief im hellsten Glanz des Maien.

## BLUMEN, BÄUME, DER WALD

Nur der kann sich der heil'gen Schöne freuen,
Den Blume, Wald und Strom zur Tief entrücket,
Wo unvergänglich ihn die Blüt' entzücket,
dem ew'gen Glanze keine Schatten dräuen.

LUDWIG TIECK
(1773-1853)

## BLUMEN, BÄUME, DER WALD

Kleine Blume, aber wenn ich verstehen könnte,
was du bist, die Wurzeln und alles,
und alles in allem,
dann wüßte ich, was Gott ist und der Mensch.

ALFRED LORD TENNYSON
(1809-1892)

## BLUMEN, BÄUME, DER WALD

Eine kleine Blume zu erschaffen, ist ein Werk von Äonen.

> **WILLIAM BLAKE**
> (1757-1827)

Unkraut nennt man Pflanzen, deren Vorzüge noch nicht erkannt worden sind.

> **RALPH WALDO EMERSON**
> (1803-1882)

## BLUMEN, BÄUME, DER WALD

Wie deine grüngold'nen Augen funkeln,
Wald, du moosiger Träumer!
Wie deine Gedanken dunkeln,
Einsiedel, schwer von Leben,
Saftseufzender Tagesversäumer!

Über der Wipfel Hin- und Widerschweben,
Wie's Atem holt und voller wogt
und braust
Und weiter zieht –
              und stille wird –
                            und saust.

## BLUMEN, BÄUME, DER WALD

Über der Wipfel Hin- und Widerschweben,
Hoch droben steht ein ernster Ton,
Dem lauschten tausend Jahre schon
Und werden tausend Jahre lauschen ...
Und immer dieses starke, donnerdunkle Rauschen.

PETER HILLE
(1854-1904)

# BLUMEN, BÄUME, DER WALD

Man glaubt, die Welt ist voll Ruhe und Herrlichkeit. Und wenn man so von dieser Ruhe in eine andre geht, in die des großen Waldes, so ist wirklich wieder eine Ruhe und wirklich eine andere. Der Blick wird beschränkt, nur das Nächste dringt in das Auge, und ist doch wieder eine unfaßbare Menge der Dinge ...

# BLUMEN, BÄUME, DER WALD

So kann man viele Stunden wandern, und spannt der heilige Ernst des Waldes Gemüter, die seiner ungewohnt sind, anfangs wie zu Schauern an, so wird er doch immer traulicher, und ist endlich eine Lieblichkeit wie die draußen, nur eine feierlichere.

ADALBERT STIFTER
(1805-1868)

## Blumen, Bäume, der Wald

Ihr Quellen der Erd'! ihr Blumen! und ihr Wälder und ihr Adler und du brüderliches Licht! Wie alt und neu ist unsere Liebe! – Frei sind wir, gleichen uns nicht ängstlich von außen; wie sollte nicht wechseln die Weise des Lebens. Wir lieben den Äther doch alle, und innigst im Innern gleichen wir uns.

Friedrich Hölderlin
(1770-1843)

## LAND-LEBEN

Jeder Mensch braucht Schönheit so gut wie Brot, Orte, an denen er spielen kann und wo er beten kann, wo die Natur waltet, um ihn zu heilen, ihn zu ermutigen, ihm Kraft zu geben, seinem Körper wie seiner Seele.

**JOHN MUIR**

Die Natur gefällt, reißt an sich, begeistert, bloß weil sie Natur ist.

**WILHELM VON HUMBOLDT**
(1767-1835)

## LAND-LEBEN

Ich suchte die Wahrheit nicht mehr voller zärtlicher Neigung, ich suchte sie voll der äußeren Unruhe. Felder, Wälder und die entlegensten Einöden hatten allein noch Reize für mich. Da fühlt ich mich näher bei der Natur.

FRANZ ANTON MESMER
(1734-1815)

O Wunder der Dinge – selbst das kleinste der Teilchen.

WALT WHITMAN
(1819-1892)

# LAND-LEBEN

Ich liege im Grase, lese Gedichte, höre Musik und warte, daß die Kirschen reif werden; es soll mich nicht wundern, wenn dieses Schäferleben meinen nächsten politischen Leistungen eine Färbung verleiht, die an Beckerath und an laue blütenschwangere Sommerlüfte erinnert.

**OTTO VON BISMARCK**
(1815-1898)

## LAND-LEBEN

Meine Mutter nahm mich, da unser
schönes Haus nahe an einem Tore lag,
bei ihren Spaziergängen mit sich und
setzte mich auf einer freundlichen, mit
Bäumen umfaßten Wiese hin, wo ich bei
Gras und Wiesenblümchen sehr ruhig
und glücklich war.

SOPHIE LA ROCHE
(1731-1807)

# LAND-LEBEN

Holunderduft liegt auf der Dorfesgasse –
Die Hüttenfenster gleißen sonnenbunt.
Die Büsche schatten breit –
es fliegen blasse
und volle Blüten schwebend hin im Rund.

Die Kirche ragt mit goldengrünen
Dämmern
der Linden, die sie überdrängen breit.
Nur aus verlorner Ferne dringt ein
Hämmern,
als sei's der Herzschlag dieser
Einsamkeit ...

## LAND-LEBEN

Sonst alles klangtot! und die Mittagsstille
liegt wie mit erz'nen Flügeln überm Land –
ich glaube fast, man hört es, wenn
die Hülle
der Blätterknospen sprengt ihr bräunlich
Band ...

Ich glaube fast, man hört es, wenn im
Neste
die Schwalbe sich im Mittagsschlafe regt,
und wenn ein Bienlein durch die
Lindenäste
die Würze tropfend aus den Blüten trägt ...

ALBERTA VON PUTTKAMER
(1849-1923)

## ERDE, WASSER, LUFT UND FEUER

Erde, du meine Mutter, und du, mein
Ernährer, der Lufthauch,
Heiliges Feuer, mir Freund und du,
o Bruder, der Bergstrom,
Und mein Vater, der Äther, ich sage euch
allen mit Ehrfurcht
Freundlichen Dank; mit euch hab ich
hienieden gelebt ...

> JOHANN GOTTFRIED HERDER
> (1744-1803)

## ERDE, WASSER, LUFT UND FEUER

Erde und Meer scheinen einander
schlafend im Arm zu ruhen und träumen
von Wellen, Blumen, Wolken, Wäldern,
Felsen, und das alles lesen wir in ihrem
Lächeln, und wir nennen es: Realität.

> **PERCY BYSSHE SHELLEY**
> (1792-1822)

Selbst Steine haben eine Liebe, eine Liebe,
die den Boden sucht.

> **MEISTER ECKHART**
> (UM 1260-1328)

# Erde, Wasser, Luft und Feuer

Kann der Mensch einen Windstoß besitzen, ein Stück fließendes Wasser? Kann er ein Wolkengebirge beherrschen, eine Herde von Elchen? Nein. Täuscht euch nicht. Es ist nicht der Mensch, der das Land besitzt. Dem Land gehören vielmehr die Menschen.

**Mishi-Waub-Kaikaik**
(19. Jh.)

## ERDE, WASSER, LUFT UND FEUER

Wasser ist das Beste, und unter den Besitztümern weckt Gold am meisten Ehrfurcht ...
Was darüber hinaus ist, ist Weisen wie Nicht-Weisen unzugänglich.

**PINDAR**
(518-438 V. CHR.)

Erde ist mehr wert als Gold.

**SPRICHWORT AUS ESTLAND**

## ERDE, WASSER, LUFT UND FEUER

Berühre die Erde, liebe die Erde, ehre die Erde, ihre Ebenen, ihre Täler, ihre Hügel und ihre Gewässer, ruh deinen Geist aus an ihren verborgenen Plätzen.

HENRY BESTON

In tausend Blumen steht die Liebesschrift geprägt: Wie ist die Erde schön, wenn sie den Himmel trägt.

FRIEDRICH RÜCKERT
(1788-1866)

# ERDE, WASSER, LUFT UND FEUER

Es spielen Luft und Laub,
Es spielen Wind und Bäche,
Und allgemeine Freuden
Erweitern gleichfalls mir den Mut.

> FRIEDRICH VON HAGEDORN
> (1708-1754)

Ohne Wasser ist kein Heil.

> JOHANN WOLFGANG VON GOETHE
> (1749-1832)

## BERGE UND MEER

Und du kannst es wirklich für nichts halten, von oben den ganzen Zusammenhang eines großen Gebirges zu überschauen? ... Es gibt nur den zweifachen Anblick der Unendlichkeit, entweder die Aussicht über das Meer hinüber, oder vom höchsten Punkt eines Gebirges.

LUDWIG TIECK
(1773-1853)

## BERGE UND MEER

Warum ich das Leben
Zwischen den grünen Bergen
Gewählt habe?
Ich lächle, schweige, denn
Mein Herz ist in Frieden.
Pfirsichblüten driften den Strom hinab.
Es gibt Himmel und Erden jenseits
Der Welt des Menschen.

LI BAI
(UM 750)

## BERGE UND MEER

Das kommt uns auf dem Meere zu Bewußtsein; wir fühlen, daß alles um uns und wir selbst von Gott durchhaucht sind; die ganze Natur ist uns so verwandt, die Wellen winken uns so vertraut zu, der Himmel breitet sich so liebeselig um die Erde, und das Licht der Sonne hat einen so unbeschreiblichen Glanz, daß man meint, es mit Händen greifen zu können.

FRIEDRICH ENGELS
(1820-1895)

## BERGE UND MEER

Bist du glücklich, so wirst du dich unendlich glücklich fühlen, und bist du unglücklich, so vergißt du auf dem Gipfel eines Berges all dein Leid, du bist getröstet.

CHRISTIAN GOTTLIEB WILD
(1785-1839)

## BERGE UND MEER

Haben Sie nie bemerkt, daß die Leute draußen am offenen Meer einen besonderen Menschenschlag bilden? Es ist beinahe, als lebten sie des Meeres eigenartiges Leben. Nicht bloß in ihrem Fühlen, auch in ihrem Denken ist Wellengang und Ebbe und Flut.

**HENRIK IBSEN**
(1828-1906)

# BERGE UND MEER

Zuerst stand ich, durch den ungewohnten
Hauch der Luft und durch den freien
Rundblick bewegt, wie betäubt da ...
Endlich aber verabschiedete ich meine
Sorgen, für die ein andrer Ort mehr
taugte, schaute mich um und sah all das,
wozu ich den Berg bestiegen hatte.

FRANCESCO PETRARCA
(1304-1374)

## BERGE UND MEER

… aber hier droben ist meine Heimat, hier geht alles an mir vorüber, was ich nur in meinem Herzen habe mitnehmen können. Wenn ich den ganzen Tag mit fremden Vorstellungen bin gefüttert worden, hier mache ich mein eignes Schatzkästlein auf …

ANNETTE VON DROSTE-HÜLSHOFF
(1797-1848)


Das Meer ist der Raum der Hoffnung.

FRIEDRICH VON SCHILLER
(1759-1805)

## TAGESZEITEN, JAHRESLAUF

Nun ist der eis'ge Winter gar zergangen;
Die Nacht wird kurz, der Tag beginnt
zu langen;
Es hebt nun an die lebensfrohe Zeit,
Die aller Welt viel Freud verleiht;
Schöner sangen
Die Vögel noch zu keiner Zeit!

NEIDHART VON REUENTHAL
(13. JH.)

## TAGESZEITEN, JAHRESLAUF

Frühling ist wiedergekommen. Die Erde
Ist wie ein Kind, das Gedichte weiß;
Viele, o viele ...

**RAINER MARIA RILKE**
(1875-1926)

Das Leben ist schön und die Jugend
noch schöner, und der Frühling ist am
allerschönsten.

**JEAN PAUL**
(1763-1825)

## TAGESZEITEN, JAHRESLAUF

Die Sonnenstrahlen spielen durch die grünen Blätter hindurch, als wolle unser Herrgott sich der armen Menschenseele erbarmen und sie mit dem Licht seiner Weisheit erleuchten.

**FRITZ REUTER**
(1810-1874)


Sommer läßt nach dem Frühling ein Schweigen entstehen.

**VITA SACKVILLE-WEST**
(1892-1962)

## TAGESZEITEN, JAHRESLAUF

… auf dem abschüssigen, unzulänglichen Wiesenfleckchen gab ein Monat dem anderen die Tür. Ein jeder kam in *seinem* Prachtgewande. Und jeden grüßte ich dankbaren Blicks. Es war mein Kalender. Ich erkannte jeden Monat, jede Woche, ja, jeden Tag, an den Veränderungen …

PETER ALTENBERG
(1859-1919)

## TAGESZEITEN, JAHRESLAUF

Wohl ist es Herbst; doch warte nur,
Doch warte nur ein Weilchen!
Der Frühling kommt, der Himmel lacht,
Es steht die Welt in Veilchen.

Die blauen Tage brechen an;
Und ehe sie verfließen,
Wir wollen sie, mein wackrer Freund,
Genießen, ja genießen!

THEODOR STORM
(1817-1888)

## TAGESZEITEN, JAHRESLAUF

Aus Sonnenstrahlen webt,
ihr Abenddüfte,
Ein goldnes Netz um diesen Zauberort!
Berauscht mich, nehmt mich hin,
ihr Blumendüfte!
Gebannt in euren Kreis, wer möchte fort?

MARIANNE VON WILLEMER
(1784-1860)

## TAGESZEITEN, JAHRESLAUF

Nacht ist es: nun reden alle springenden Brunnen. Und auch meine Seele ist ein springender Brunnen …

>   FRIEDRICH NIETZSCHE
>   (1844-1900)


O Mond, Gedankenfreund, – daß stille Nächte kommen!
Dir nur vertrau ich …

>   JOHANN WILHELM LUDWIG GLEIM
>   (1719-1803)

## TAGESZEITEN, JAHRESLAUF

Wacht auf!
Der Morgen hat in die Felder der Nacht
den Stein geworfen, der die Sternenvögel
vertreibt.

EDWARD FITZ GERALD


Wie schön ist die Natur, wie schön ihr
Schöpfer! Welche Freuden kann man sich
auch im Winter machen!

META KLOPSTOCK
(1728-1758)

## WETTER

Bald wird es schnei'n.
Dann fällt wie Sternenregen weißer Friede
aus den Wolken und wickelt alles ein.

**ERNST STADLER**
(1883-1914)


Es gibt kein schlechtes Wetter; es gibt nur
ungenügende Kleidung.

**JOHANNES MÜLLER**
(1752-1809)

## WETTER

Sonnenschein ist köstlich, Regen erfrischt,
Wind kräftigt, Schnee erheitert.
Es gibt kein schlechtes Wetter, es gibt nur
verschiedene Arten von gutem.

**JOHN RUSKIN**
(1819-1900)

Kurze Aprilschauer fördern das
Wachstum.

**THEODOR FONTANE**
(1819-1898)

# WETTER

Ich glaube, daß dieses Barometermännchen in mir in meiner Todesstunde, wenn alle andern »Ichs« nicht mehr am Leben sind, beim ersten Sonnenstrahl, während ich meine letzten Seufzer aushauche, sich äußerst munter fühlen, den Regenmantel ablegen und ausrufen wird: »Ah! Endlich wird's schön!«

MARCEL PROUST
(1871-1922)

# WETTER

Ein nebliger Tag oder etwas Sonne üben auf viele Menschen soviel Einfluß aus wie das größte Glück oder die schlimmsten Schicksalsschläge ...

> JOSEPH ADDISON
> (1672-1719)

Jeder spricht vom Wetter, aber keiner tut etwas dagegen.

> MARK TWAIN
> (1835-1910)

# WETTER

Die Sonne ist die Universalarznei aus der Himmelsapotheke.

**AUGUST VON KOTZEBUE**
(1761-1819)

Ein Sonnenblick bringt mehr Gras hervor als zehn Hagelwetter.

**BAUERNREGEL**

## WETTER

Lebe zu jeder Zeit des Jahres wie es ihr angemessen ist, atme die Luft, trinke, was sie bietet an Getränken, koste von ihrer Frucht und überlaß dich ihrem Einfluß.

> HENRY DAVID THOREAU
> (1817-1862)

Der Donner besorgt das Bellen, aber es ist der Blitz, der beißt.

> ART LINKLETTER

# WEISHEIT DER NATUR

In ihrer Fürsorge hat die Natur die weise Regel beachtet: was sie zur Erhaltung unsrer Existenz von uns verlangt, das bereitet uns auch Lust ... Sie ist eine große, allmächtige Spenderin; wer ihre Gaben ablehnt, sie unwirksam macht oder sie verfälscht, tut Unrecht:
Sei zufrieden damit! Die Natur hat alles gut gemacht.

MICHEL DE MONTAIGNE
(1533-1592)

## WEISHEIT DER NATUR

In der Natur gibt es weder Belohnung
noch Strafen, es gibt nur Folgen.

R. G. INGERSOLL

Die Natur ist das einzige Buch, das auf
allen Blättern großen Gehalt bietet.

JOHANN WOLFGANG VON GOETHE
(1749-1832)

## WEISHEIT DER NATUR

Laß die anderen ihre Kompendien repetieren, wir studieren unterdes in dem großen Bilderbuch, das der liebe Gott aufgeschlagen hat.

**JOSEPH VON EICHENDORFF**
(1788-1857)

Was ich über die Theologie und die Heilige Schrift weiß, lernte ich in den Wäldern und Feldern.

**BERNHARD VON CLAIRVAUX**
(UM 1090-1153)

## WEISHEIT DER NATUR

Wem Mutter Natur ein Gärtchen gibt und Rosen, dem gibt sie auch Raupen und Blattläuse, damit er's verlernt, sich über Kleinigkeiten zu entrüsten.

**WILHELM BUSCH**
(1832-1908)

Alles in der Natur lädt uns ständig dazu ein, das zu sein, was wir sind.

**GRETEL EHRLICH**

## WEISHEIT DER NATUR

Der Bauer, der an den Reisschößlingen zieht, damit sie schneller wachsen, dem verwelken sie.
Die Natur weiß, wie schnell der Reis wachsen soll; sie hat Geduld.

**CHINESISCHE WEISHEIT**


Die Natur liebt es, sich zu verbessern.

**HERAKLIT**
**(550-480 V. CHR.)**

## WEISHEIT DER NATUR

Die Kunst, die Technik sind keine unabhängigen Kräfte, sie sind nur die Anwendung der Kräfte der Natur zu einem bestimmten Zweck ...
Die Tätigkeit des Menschen ist sehr beschränkt: Er bringt die Dinge in eine gewisse Lage.

JOHN STUART MILL
(1806-1873)

## WEISHEIT DER NATUR

Wie ein guter Dichter liebt die Natur
keine schroffen Übergänge ..., so daß
alle Farben einer Gegend wie leise
Musik ineinander schmelzen und jeder
Naturanblick krampfstillend und
gemütberuhigend wirkt.

**HEINRICH HEINE**
(1797-1856)

## Ein Garten irdischer Freude

Stets fühlte ich, daß draußen vor der Tür ein neues Paradies harrte ...

> JEAN-JACQUES ROUSSEAU
> (1712-1778)

Nimmst du aus der Natur, so gib auch zurück. Das Leben ist wie ein großartiges Gastmahl und die Welt ist der Küchenchef. Mehr als ein Trinkgeld kannst du nicht aufbringen.

> GERALD DURRELL

## Ein Garten irdischer Freude

Der Garten war einfach, ohne alle
Ziererei; eine Fülle einheimischer und
nordamerikanischer Bäume zierte ihn;
ansteigende Höhen und kleine Täler
gaben ihm eine erwünschte Mannig-
faltigkeit ...
Es durfte in diesem Garten kein Schuß
fallen; alle Säugetiere und Vögel, die ihn
betraten, waren geschützt. Ein Garten
irdischer Freude. ... Es war, als sollte hier
das unruhige und unstete Leben des
Besitzers eine versöhnende Vermittlung
finden.

**Henrik Steffens**
(1773-1845)

# BILDNACHWEIS

Titelbild: R. Zünd, Erntezeit, H. Hinz, ARTOTHEK Peissenberg; S. 6: P. Szinyei-Merse, Sommerlandschaft mit blühendem Mohn, A. Schiller, ARTOTHEK Peissenberg; S. 9: F. J. Voltz, Am Getreidefeld, J. Remmer, ARTOTHEK Peissenberg; S. 16/17: I. I. Schischkin, Mitten in der Weite, ARTOTHEK Peissenberg; S. 27: J. Navratil, Wasserfall im Hochgebirge mit Anglern, D. Kusák, ARTOTHEK Peissenberg; S. 34/35: E. Schleich d. Ä., Landschaft mit absterbender Eiche, J. Blauel, ARTOTHEK Peissenberg; S. 42/43: P. Moenstedt, Strand auf Capri, ARTOTHEK Peissenberg; S. 51: B. Ganter, Der alte Weg, Christie´s, ARTOTHEK Peissenberg; L. H. Becker, Bauern bei der Kornernte in Westfalen, ARTOTHEK Peissenberg; H. Thoma, Blühende Wiese bei Bernau, G. Westermann, ARTOTHEK Peissenberg; S. 77: C. D. Friedrich, Der Sommer, Blauel/Gnamm, ARTOTHEK Peissenberg.